LIVELLO 1 · A1
500 parole

DOV'È YUKIO?

Alessandro De Giuli · Ciro Massimo Naddeo

con illustrazioni di Giampiero Wallnofer

Letture Italiano Facile

redazione: Chiara Sandri
progetto grafico e copertina: Lucia Cesarone
impaginazione: Gabriel de Banos
illustrazioni: Giampiero Wallnofer

A cura di Alessandro De Giuli: da pagina 19 a pagina 32
e da pagina 48 a pagina 62
A cura di Ciro Massimo Naddeo: da pagina 5 a pagina 17
e da pagina 33 a pagina 47

© 2015 ALMA Edizioni
Printed in Italy
ISBN 978-88-6182-385-3
prima stampa nuova edizione: marzo 2015

ALMA Edizioni
via Bonifacio Lupi 7
50129 Firenze
info@almaedizioni.it
www.almaedizioni.it

Tutti i diritti di traduzione, di memorizzazione elettronica, di riproduzione
e di adattamento totale o parziale, con qualsiasi mezzo (compresi i microfilm,
le riproduzioni digitali e le copie fotostatiche), sono riservati in tutti i Paesi.

PERSONAGGI

Yukio

Betty

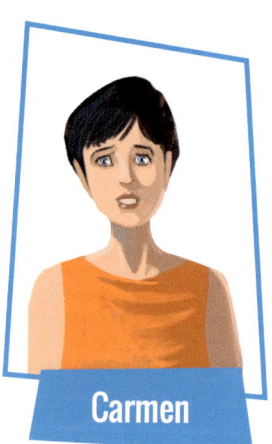
Carmen

André

Nesti

Antonietta

Capitolo 1

– Buongiorno ragazzi. Siete tutti presenti?
– Sì.
– Molto bene. Possiamo cominciare la lezione.

Antonietta lavora alla scuola di lingue *Ciao Italia*. Fa l'insegnante d'italiano. È una ragazza molto simpatica. Nella sua classe ci sono molti studenti.

– Di cosa parliamo oggi? – domanda Carmen, una ragazza spagnola.

Carmen ha gli occhi azzurri e i capelli neri. Studia teatro a Madrid.

– Oggi parliamo dei monumenti. – risponde Antonietta.
– Monumenti? Che cosa vuol dire questa parola? – chiede Yukio, un ragazzo giapponese.
– Il Colosseo, il Pantheon e la Fontana di Trevi sono monumenti. – dice André, un ragazzo francese.

André è molto intelligente e risponde sempre alle domande.

– Bravo André. E tu Narjess, quali monumenti conosci?

Narjess è una ragazza araba. Viene da Tunisi.

– Io conosco la chiesa di San Pietro.
– Sì, anche la chiesa di San Pietro è un monumento.
– Io invece conosco le catacombe. – dice Johann, un ragazzo tedesco.
– Che cosa sono le catacombe? – domanda Yukio.
– Sono i cimiteri sotterranei dei primi cristiani. – spiega André – Hanno circa duemila anni.
– Esatto. – dice Antonietta – E tu Betty, quali monumenti conosci?

────────────── note ◀

sotterranei • sotto la terra

Betty è una ragazza americana. Ha dei lunghi capelli rossi. Non capisce mai le domande.

– Monumenti? – dice Betty – Che cosa sono i monumenti?

fai gli ESERCIZI
vai a pagina 37

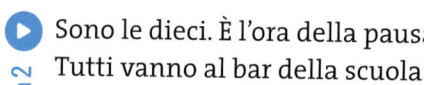

Sono le dieci. È l'ora della pausa.
Tutti vanno al bar della scuola.

– Ciao Ingrid. Come va?

Ingrid è una ragazza svedese. Studia in un'altra classe. Ha un bicchiere d'aranciata in mano.

– Ho molta sete. Oggi fa caldo.
– Sì, anch'io ho sete. – dice Carmen – Voglio una coca cola. E tu Betty, che cosa prendi?
– Eh?! Cosa?
– Che cosa prendi? – ripete Carmen – Una coca cola, un'aranciata, un caffè?
– Ah, sì... Un caffè, grazie.
– Carmen. posso prendere qualcosa anch'io? – chiede Yukio.
– Certo Yukio. Che cosa vuoi?
– Un tè, grazie.

Carmen e Yukio sono molto amici. Abitano insieme.
Arriva André:

– Ciao Yukio. Cosa fai stasera?
– Niente. Perché?
– Vuoi venire con me al ristorante giapponese?
– D'accordo. La cucina giapponese è molto buona.

– Andate al ristorante giapponese? – domanda Carmen – Veniamo anche io e Betty.
– Va bene, allora siamo in quattro. Tu cosa fai, Ingrid? Vuoi venire?
– No, non posso. Stasera devo andare al cinema con Johann.

Arriva Johann. Ha un giornale in mano.

– Ragazzi, sentite questa notizia.

Johann legge:

> **Misteriosa scomparsa di tre ragazzi giapponesi**
>
> Da tre giorni nessuno sa niente di loro. I tre ragazzi sono studenti della scuola di lingue *Vox*

– Giapponesi?
– Sì, che strano...
– Ragazzi, chi ha una penna? Devo scrivere un indirizzo.

È Jim, un ragazzo australiano. Jim chiede sempre l'indirizzo mail e il numero di telefono a tutte le ragazze.

fai gli ESERCIZI
vai a pagina 39

---

note ◄

notizia • informazione *Nel giornale ci sono notizie di politica, economia, sport, ecc.*

Dov'è Yukio?

Capitolo 3

In classe, dieci minuti dopo.
Antonietta è vicino alla lavagna.

– Possiamo cominciare?
– Yukio non c'è. – dice André.
– Dov'è?
– Non so, forse è in bagno.
– Il suo libro, il suo quaderno e il suo telefono sono sul tavolo. – dice Carmen – Tra poco arriva, sono sicura.

Antonietta comincia la seconda ora di lezione.
Adesso parla del tempo.

– Che tempo fa, oggi? – chiede.
– Fa molto caldo. – risponde André.
– Sì, oggi fa molto caldo. È una bella giornata.
– In Italia c'è sempre il sole. – dice Johann – Non è come in Germania.
– Anche in Spagna c'è sempre il sole. – dice Carmen.

Tutti parlano del tempo.
Le ore passano e Yukio non torna. Il suo libro è sempre sul tavolo, vicino al quaderno e al telefono.
A mezzogiorno la lezione finisce.

– Cosa faccio? – domanda Carmen – Prendo io le cose di Yukio?
– Certo. – dice André – Prendi anche la sua borsa.
– Va bene.
– Carmen, vieni con me?

È Betty. Lei e Carmen tornano sempre insieme.

– Sì, arrivo. Ciao ragazzi.

---

note ◂

bagno • toilette *La mia casa ha una camera da letto, una cucina e un bagno.*

– Ciao.

Carmen e Betty escono dalla classe.

– Andiamo a piedi?
– No, prendiamo l'autobus.
– Carmen! Betty! – grida André dalla porta.
– Che cosa c'è?
– Stasera dobbiamo andare al ristorante giapponese con Yukio, d'accordo?
– D'accordo. A stasera.

fai gli ESERCIZI
vai a pagina 40

Capitolo 4

Sono le tre del pomeriggio. Fa molto caldo.
Carmen è sul letto, nella sua stanza.
Yukio non c'è.
Suona il telefono di Yukio.

– Pronto?
– Ciao Carmen, sono André. Come stai?
– Non riesco a dormire, con questo caldo...
– È vero, oggi è una giornata tropicale. Posso parlare con Yukio?
– No, non è in casa.
– Ancora non torna? Ma dov'è?
– Non lo so. È molto strano.
– Io sono un po' preoccupato. Ricordi l'articolo sui ragazzi giapponesi?

▶ note ─────────────────────────

a piedi • andare con le proprie gambe, camminare *Oggi non voglio prendere la macchina, voglio andare a piedi.*
preoccupato • agitato, nervoso. Il contrario di "tranquillo" *Sono molto preoccupato, mio padre non sta bene.*

– Sì: "Misteriosa scomparsa di tre ragazzi giapponesi". Ma... pensi che anche Yukio...
– No, no... però è molto strano.
– Aspetta, André. Guardo nella sua agenda. Forse trovo un numero di telefono, un indirizzo...
– Va bene.

Carmen va nella stanza di Yukio. Apre la sua borsa e prende l'agenda.

– Allora? – dice André.
– L'agenda di Yukio è tutta in giapponese. Io non capisco niente.
– Guarda bene...
– Ah sì... c'è la pagina di un giornale italiano. È un annuncio economico.
– Cosa dice?

Carmen legge:

> **SOC. CIN. cerca ragazzi orientali.**
> Presentarsi tutti i giorni alle 10:30,
> in piazza del Pantheon, 16

– Cosa vuol dire? – domanda Carmen.
– È un lavoro per orientali: giapponesi, cinesi... Forse Yukio è alla SOC. CIN.
– Andiamo a vedere?
– Va bene, prendo la mia macchina. Arrivo subito.
– D'accordo, io chiamo Betty. Ciao.
– Ciao.

fai gli ESERCIZI
vai a pagina 41

---

note ◂

annuncio economico • avviso, informazione pubblicitaria
ANNUNCIO ECONOMICO
Importante società di marketing cerca ragazza 20/25 anni per lavoro di segretaria. Presentarsi tutti i giorni in via Nazionale 5.

Dov'è Yukio?

Capitolo 5

Sono le tre e mezza.
La vecchia Renault di André arriva in piazza del Pantheon.
André, Carmen e Betty scendono dalla macchina. Sono di fronte al monumento. Nella piazza, a quest'ora, non c'è nessuno.

– Che caldo! Sembra di essere in Africa.
– Questo è il Pantheon. – spiega André – È il tempio di Venere e di Marte.
– Chi?
– Venere e Marte... la dea dell'amore e il dio della guerra.
– Dobbiamo cercare il numero 16. – dice Carmen.
– È quel palazzo a destra.

Il numero 16 è un palazzo molto vecchio.

– Ed ora che cosa facciamo?
– Beh... andiamo a vedere...

I tre amici entrano. Nell'ingresso non c'è molta luce.
André, Carmen e Betty salgono le scale ed arrivano al primo piano, davanti ad una porta.

– SOC. CIN. – legge Carmen.
– Che cosa vuol dire?
– Non lo so. Forse è il nome di una società.

La porta è aperta.

– C'è nessuno? – domanda André.

Nessuno risponde.

▶ note

tempio  *La chiesa è il tempio dei cristiani, la moschea è il tempio dei musulmani, la sinagoga è il tempio degli ebrei.*

ingresso • entrata

– Entriamo.
– Io non vengo. – dice Betty – Ho paura.
– Che cosa fai, allora? Resti qui da sola?
– No, va bene. Vengo con voi.

I tre amici entrano. Ora sono in una stanza buia. Dentro la stanza ci sono delle sedie e un tavolo. Sul tavolo c'è un computer.

– Sembra un ufficio.
– Ragazzi, sento delle voci…
– Sì, c'è qualcuno.

Nell'altra stanza, qualcuno grida:

– Più sangue! Voglio più sangue!
– Aaaah!!!
– Mio dio! – dice Carmen – Che cos'è?
– Andiamo via, io ho paura.
– Sì, anch'io ho paura.

André, Carmen e Betty vanno verso la porta. Ma in quel momento arriva un uomo. È alto e magro, con un vestito nero:

– E voi, che cosa fate qui?

fai gli ESERCIZI
vai a pagina 42

▶ note

buia • senza luce, nera *La notte è buia.*

Capitolo 6

– Buongiorno, signore... Noi... Io e i miei amici... No, cioè... Yukio, un nostro amico giapponese...

Betty è davanti all'uomo e cerca di spiegare. Ma l'uomo non capisce. È molto nervoso:

– Cosa volete? Non potete restare qui.
– Cerchiamo un nostro amico. – dice André – È un ragazzo giapponese. Si chiama Yukio.
– Non conosco nessuno con questo nome. Andate via ora. Devo lavorare.
– Yukio. – ripete André – Si chiama Yukio.
– Fuori! Non ho tempo per voi.
– Signor Nesti!

È la voce di un'altra persona, nell'altra stanza.

– Che cosa c'è? – grida l'uomo.
– Il coltello... non va bene. È troppo piccolo.
– D'accordo. Arrivo subito.

André, Carmen e Betty guardano il signor Nesti: ha due occhi neri, molto piccoli. Il suo viso non è simpatico.

– Allora... siete ancora qui? – dice Nesti – Dovete andare via!
– Sì... andiamo via subito... arrivederci.

I tre ragazzi escono. Nesti chiude la porta.

fai gli ESERCIZI
vai a pagina 43

---

note ◂

nervoso • irritabile, eccitabile. Il contrario di calmo
Tu sei nervoso perché bevi troppi caffè.

coltello •

Capitolo 7

– Non mi piace quell'uomo. – dice Carmen.
– Sì, ha un viso da assassino.
– Che cos'è un assassino? – chiede Betty.
– Un assassino è un killer. – spiega André.
– Un killer? Mamma mia...

I tre amici salgono in macchina.

– Che caldo! Anche questo sole è un assassino...
– Torniamo a casa?
– No, dobbiamo cercare Yukio.
– Ehi, ma quello è Nesti...

In quel momento Nesti esce dal palazzo e sale su una FIAT bianca. La macchina parte e gira a sinistra per via del Seminario.

– Seguiamo quella macchina.
– Sì, quell'uomo è molto strano.
– Che cosa volete fare? – domanda Betty.
– Vogliamo seguire la macchina di Nesti.
– Io voglio tornare a casa. Ho paura.
– Quell'uomo sa dov'è Yukio. – dice André – Sono sicuro.
– Va bene, andiamo.

fai gli ESERCIZI
vai a pagina 44

Capitolo 8

Piazza Venezia, dieci minuti dopo.
La macchina di Nesti corre veloce. La vecchia Renault di André è sempre dietro.

– Va verso la stazione.
– Ora capisco. – dice André – Vuole prendere il treno per scappare.
– Allora è davvero un assassino...

Nesti arriva alla stazione, poi gira in una strada con molti negozi. Parcheggia la macchina e scende.

– Che cosa fa?
– Non prende il treno. Entra in un negozio...

Nesti entra in un ferramenta. André, Carmen e Betty aspettano fuori. Dopo cinque minuti, Nesti esce.

– Ha qualcosa in mano...
– Sembrano coltelli...
– Coltelli?
– Sì, sono coltelli... Ragazzi, dobbiamo andare dalla polizia!
– Non ancora. – dice André – Continuiamo a seguire la sua macchina. Forse Nesti torna alla SOC. CIN.

fai gli ESERCIZI
vai a pagina 45

---

note ◂

scappare • fuggire, andare via *Il criminale vuole scappare dalla prigione.*
ferramenta • negozio per la casa. Il ferramenta vende oggetti di ferro: martelli, chiodi, grandi coltelli, ecc. *Vado dal ferramenta e compro un coltello nuovo.*

Capitolo 9

Un quarto d'ora dopo.
La macchina di Nesti arriva al Colosseo. La Renault dei tre ragazzi è sempre dietro.
Nesti parcheggia la macchina vicino al Colosseo. Poi entra in un palazzo giallo.

– Cosa facciamo adesso?
– Aspettiamo qui.
– Io ho caldo. – dice Betty. – Non voglio stare in macchina.

I tre amici scendono. Ora sono di fronte al Colosseo.
André spiega:

– Questo è il Colosseo. È un antico stadio romano. È alto circa 50 metri ed è largo circa...
– André! – dice Carmen – Conosciamo anche noi il Colosseo.
– Va bene, va bene... Andiamo a bere qualcosa.

Di fronte al palazzo giallo c'è un piccolo bar.
André, Carmen e Betty entrano.

– Buongiorno. – dice il barista – Fa caldo, eh?
– Sì. – dice André.
– Che cosa prendete?
– Io voglio un gelato al cioccolato. – dice Betty.
– Non abbiamo gelati, signorina. Solo cose da bere.
– Va bene. Allora prendo un gelato alla crema.
– Betty... il signore dice che non ci sono gelati.
– Ah, d'accordo... allora una coca cola.

---

note ◄

antico • vecchio, il contrario di moderno *Questo monumento è molto antico, ha circa 2000 anni.*

– Sì, anche per me. – dice Carmen – E tu, André?
– Io prendo un succo di frutta.
– Siete studenti della *Vox*? – domanda il barista.
– Cosa?
– La *Vox*, la scuola di lingue. Voi non siete italiani, vero?
– No, non siamo italiani. – dice Betty.
– Scusi, signore. – domanda André – La scuola di lingue *Vox* è qui vicino?
– Sì, è in quel palazzo giallo.
– Dio mio! – grida Carmen – Allora Nesti è nella scuola *Vox*!
– Cosa? – domanda il barista.
– La scuola *Vox* è sul giornale di oggi. – spiega André – La scomparsa dei tre ragazzi giapponesi...
– Ah sì, i tre ragazzi giapponesi... Che brutta notizia... Alla scuola *Vox* ci sono molti studenti orientali. Vengono sempre a prendere il caffè...

In quel momento Nesti esce dal palazzo giallo.

– Ragazzi, andiamo! Nesti va via.
– Aspettate... dobbiamo pagare. Quant'è?
– Sono cinque euro.

fai gli ESERCIZI
vai a pagina 48

Capitolo 10

Sulla via Appia, mezz'ora dopo.
La Renault di André segue sempre la macchina bianca di Nesti.
André e Betty parlano. Carmen è in silenzio.

– Ma dove va? – domanda Betty – Qui siamo in campagna.

▶ note

campagna • zona non urbana, fuori della città *Io ho una casa in città e una casa in campagna.*

– Ora capisco. – dice André – Yukio e i tre ragazzi giapponesi sono prigionieri di Nesti, in una casa in campagna. Nesti va da loro.
– Questa strada è molto lunga...
– È la via Appia, Betty.
– La via Appia?
– Sì, è un'antica strada romana. Guarda... ci sono ancora delle scritte in latino, sui lati. Che ore sono adesso?
– Io non ho l'orologio. – dice Betty – Domandiamo a Carmen. Carmen...

Carmen non risponde.

– Carmen, che cos'hai?

Carmen ha gli occhi rossi. Piange.

– Penso a Yukio. – dice – Quel signore è un assassino.
– Perché dici così?
– È un assassino. – ripete Carmen – Uccide i ragazzi giapponesi, come i tre studenti della *Vox*...
– Basta Carmen. Non voglio sentire questi discorsi. – dice André – Yukio è vivo.
– No, Yukio è morto. – ripete Carmen – È morto...

Carmen continua a piangere. André continua a guidare.
Betty, invece, continua a fare domande:

– Dove siamo adesso?
– Siamo alle catacombe. – risponde André.
– I cimiteri degli antichi cristiani?
– Sì, Betty.

Ora Nesti gira a sinistra, parcheggia la macchina e scende. Poi entra nelle catacombe.

fai gli ESERCIZI
vai a pagina 49

note ◂

prigionieri • il contrario di liberi *Allo zoo, gli animali sono prigionieri.*
scritte • iscrizioni, segni *Sui monumenti di Roma, ci sono molte scritte in latino.*
lati • bordi, linee. La strada ha due lati, il lato destro e il lato sinistro *Il triangolo ha tre lati.*

Capitolo 11

Cinque minuti dopo.
André, Carmen e Betty sono davanti all'entrata delle catacombe:

– Io ho paura.
– Dobbiamo andare, Betty. Forse Yukio è là.
– No. – dice Carmen – Là dentro ci sono solo gli scheletri degli antichi cristiani.

Ora Carmen non piange più.

– Gli scheletri degli antichi cristiani? – grida Betty – Io non entro!
– Che cosa fai, allora? Resti qui da sola?
– No, va bene. Vengo con voi.

I tre amici entrano nella prima galleria. È molto buia. André ha una piccola torcia elettrica e cammina davanti. Carmen è dietro ad André. Betty è dietro a Carmen.

– Dobbiamo stare uniti. – dice André – La luce della torcia non è molto forte.
– Io non vedo niente.
– Aiuto! – grida Betty – C'è un uomo!
– Non è un uomo. – dice André – È solo lo scheletro di un antico cristiano.
– Ah sì, è vero... Che paura!

I tre ragazzi continuano a camminare. Ora entrano in un'altra galleria.

– Che cos'è questa? – chiede Carmen.

▶ note

scheletri 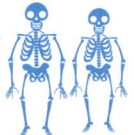　　torcia elettrica • lampada

uniti • vicini, compatti. Il contrario di "separati" *I vagoni del treno sono uniti.*

– È una scritta religiosa. È in latino.
– Tu capisci il latino, André?
– Sì, un po'.
– Che cosa dice questa frase?
– Aspetta... devo tradurre... ah sì, dice che c'è un solo dio.
– Sei bravo. Io non capisco niente. Il latino è troppo difficile per noi, vero Betty?

Betty non risponde.

– Betty! Ma... dove sei?

Carmen guarda indietro: Betty non c'è più.

fai gli ESERCIZI
vai a pagina 51

Capitolo 12

– BETTY! BETTY!

André e Carmen gridano. Chiamano Betty. Ma Betty non risponde.

– Cosa facciamo adesso?
– Non lo so. Io non conosco la strada per tornare indietro.
– Cosa? Non possiamo uscire?
– Non è facile. Forse è in questa direzione...

André gira a sinistra. Carmen segue André.
Sui lati della galleria ci sono le teste, le braccia e le gambe degli antichi cristiani.

– André, io ho paura.
– Anch'io.
– Aaaah!
– Cosa c'è?
– Quello scheletro... Ha il viso di Nesti...
– È un antico cristiano. Vieni Carmen, andiamo via.

Entrano in un'altra galleria.

– Dove andiamo ora?
– Non lo so.
– Guarda André, là c'è una luce!
– Sì, c'è qualcuno...
– Aaah... i miei occhi... questa luce è troppo forte...

Dal fondo della galleria, arriva una strana luce. È molto forte.
Arrivano anche delle voci: sono le voci di molte persone.

fai gli ESERCIZI
vai a pagina 52

---

note ◄

fondo • la fine, la parte finale *In fondo alla strada c'è un palazzo.*

Capitolo 13

traccia 13

– Ma... dove siamo?

André e Carmen aprono gli occhi. Sono in fondo alla galleria. Di fronte a loro, c'è una scena incredibile: fotografi, cameramen, giornalisti e poliziotti sono intorno a tre ragazzi giapponesi. Sono gli studenti della scuola *Vox*. I tre ragazzi hanno la barba lunga e i vestiti sporchi. Rispondono alle domande dei giornalisti:

– Sì. – dice il primo – Tre giorni nelle catacombe... un'esperienza terribile.
– È vero. – dice il secondo – Ma ora siamo qui... e siamo vivi...
– Le gallerie sembrano tutte uguali – dice il terzo – è difficile trovare la strada giusta senza una guida.
– Volete ringraziare qualcuno? – domanda un giornalista.
– Sì, vogliamo ringraziare questo signore.

Tutti guardano un vecchio uomo con i capelli bianchi. Ha un cappello blu in testa. È la guida delle catacombe.

– È sempre la stessa storia. – dice la guida – Spesso la gente entra nelle catacombe senza di me e poi non riesce ad uscire, così io devo esplorare tutte le gallerie. Qualche volta i turisti restano dentro per molto tempo, come questi ragazzi.
– Grazie signore, grazie. – ripetono i tre giapponesi.
– Ragazzi, una foto con la guida! – dice un fotografo.
– Quando tornate in Giappone? – domanda un altro giornalista.

André e Carmen guardano la scena. Non dicono niente. Pensano a Yukio e a Betty. Poi, dietro di loro, sentono la voce di una ragazza.

▶ note

sporchi • il contrario di "puliti" *Dopo cena, Mario lava i piatti e i bicchieri sporchi.*

Parla con un poliziotto:

– No, non mi chiamo Carmen. Carmen è una mia amica spagnola. Io sono americana. Allora... Io, Carmen e André... Sì, André, un mio amico francese... Nooo, non Yukio... Yukio è un mio amico giapponese... Allora, io, Carmen e André...
– Betty!

fai gli ESERCIZI
vai a pagina 54

Capitolo 14

Davanti all'entrata delle catacombe, un quarto d'ora dopo. André, Carmen e Betty parlano con tre poliziotti:

– Sì. – dice André – Cerchiamo un nostro amico giapponese. Si chiama Yukio.
– Cosa? Un altro giapponese? Anche lui va nelle catacombe senza guida?
– No, no. Yukio non va nelle catacombe.
– E allora perché cercate qui il vostro amico?
– Perché qui c'è il signore della SOC. CIN. – dice Carmen – L'assassino...
– Chi?
– Il signor Nesti. – dice André.

I poliziotti non capiscono.

– Dovete trovare il signor Nesti. – ripete André – Lui sa dov'è Yukio.

In quel momento, un uomo sale su una FIAT bianca: è Nesti.

– È lui! – grida Betty – Quello è il signor Nesti!

I poliziotti corrono verso la macchina. Nesti scende.

fai gli ESERCIZI
vai a pagina 55

Capitolo 15

– Dov'è Yukio? – grida André.

Ora i poliziotti e i tre amici sono tutti intorno a Nesti. Fanno molte domande, ma Nesti non capisce.

– Io non conosco il vostro amico.
– Non è vero. Quest'uomo è un assassino. – dice Carmen – Compra i coltelli dal ferramenta e poi uccide i ragazzi orientali nel suo ufficio, in piazza del Pantheon.
– Sì, è così. – dice Betty – È un assassino.
– È vero, signor Nesti? – domanda un poliziotto.
– No. – risponde Nesti – Non è vero.

Poi spiega:

– Io mi chiamo Mario Nesti. Sono un produttore di film horror. La mia società si chiama SOC. CIN. Questo nome vuol dire SOCIETÀ CINEMATOGRAFICA. È in piazza del Pantheon. Compro coltelli perché faccio film con molte scene di sangue e di violenza. Oggi sono qui nelle catacombe perché cerco un posto buio per una scena del mio ultimo film. Si chiama "Sangue in Oriente".
– "Sangue in Oriente"? – dice André – Ora capisco! I ragazzi orientali... l'annuncio sul giornale...
– Sì. – dice Nesti – Cerco ragazzi orientali perché i personaggi del film sono tutti orientali.
– E la scuola di lingue *Vox*?
– Molti studenti della *Vox* vengono dall'Oriente. Così io vado là per cercare gli attori del film... Ma non conosco quei tre giapponesi.

▶ note

produttore • nel cinema, chi produce (paga, finanzia, organizza) un film *Quell'uomo ha molti soldi, è un produttore di Hollywood.*
personaggi • ruoli, caratteri *Nei film di Walt Disney, i personaggi sono degli animali.*

– È tutto chiaro, adesso?
– Sì, è tutto chiaro.
– Ma allora – dice Carmen – Yukio dov'è?

fai gli ESERCIZI
vai a pagina 57

Capitolo 16

A casa di Carmen e Yukio, due ore dopo.
Yukio non c'è.
André, Carmen e Betty, stanchi e tristi, sono nel salone.

– Io non capisco... il signor Nesti non è un assassino?
– No, Betty. Quell'uomo è un produttore di film horror. Lui non conosce Yukio.
– Davvero?
– Sì, Betty.

Carmen guarda l'orologio:

– Sono le dieci. Perché Yukio non torna?
– È un mistero. – dice André.
– Sì, è un mistero.
– Io torno a casa. – dice Betty – Sono stanca. Vieni con me, André?
– No, resto qui. Voglio aspettare Yukio.
– Va bene, allora ciao.
– Ciao, a domani.

Betty esce.
Fuori è già notte.
Nelle strade non c'è nessuno. Tutta la città sembra dormire.
Betty cammina verso casa e pensa a Yukio:

– È un mistero. – ripete.

Ora entra in una strada stretta , molto buia. Intorno c'è uno strano silenzio.
Nel silenzio, una voce...

– Buonasera, Betty.

Capitolo 17

– Eh?! Cosa?

Betty ha paura. Vuole scappare.
Di fronte a lei c'è una donna vecchia. Ha il viso magro e i capelli lunghi e bianchi. Nei suoi occhi c'è una luce strana.

– Dove vai Betty?
– Io... io vado a casa.
– Non devi avere paura, Betty. Io voglio solo parlare.
– V... v... v... va bene, signora... N... n... n... non ho paura...
– Molto bene. Tu e i tuoi amici cercate qualcuno, vero?
– Sì...
– È un ragazzo orientale?
– Sì, ma... Come è possibile?
– Io so tutto, Betty. Conosco il passato, il presente e il futuro.
– Cosa?
– So tutto. Ascolta adesso: il vostro amico è vivo e sta bene.
– Davvero? E dov'è ora?
– ORA – dice la donna – È IN UN POSTO PICCOLO E BUIO.

▶ note

stretta • il contrario di "larga" *Questa strada è troppo stretta, la macchina non può entrare.*

Capitolo 18

La mattina dopo, davanti alla scuola *Ciao Italia*.
Sono le nove meno dieci. Come ogni mattina, gli studenti entrano a scuola. Tutti domandano di Yukio.

– No. – dice Carmen – Yukio non è a casa.
– E dov'è?
– È un mistero. Ieri pomeriggio io, André e Betty...

Carmen racconta tutto agli amici: parla di Nesti, della SOC. CIN. e delle catacombe.

– Sì, un produttore cinematografico. – dice Carmen – Incredibile...
– Ciao ragazzi.

È Betty. Ha un viso strano.

– Ciao Betty. Che cos'hai?
– Ieri sera io...

Anche Betty racconta la sua avventura. Parla della donna con i capelli bianchi e della sua frase misteriosa.

– "Un posto piccolo e buio" – ripete André – Che cosa vuol dire?
– Non lo so. – dice Betty – È un mistero.
– Ehi! Cosa succede?

Dentro la scuola, qualcuno grida:

– Aiuto! Aiuto!
– Sembra una voce...
– Sì, viene dal bagno.

Tutti corrono verso il bagno. La porta è chiusa.

– Apriamo la porta...
– Aiuto! Voglio uscire! – grida ancora la voce.

– Ma... questa voce...
– Sì, è la voce di...
– Dov'è la chiave? – domanda André.
– È là.

André prende la chiave e apre la porta.
Tutti guardano dentro. Davanti a loro, stanco ma felice, c'è Yukio.

– Finalmente! – dice Yukio – Grido "aiuto" da un giorno, ma non sentite. Posso avere una tazza di tè?

FINE

fai gli ESERCIZI
vai a pagina 61

▶ note

chiave •

SCHEDA CULTURALE   I monumenti di Roma

Il Pantheon

Costruito nel 25 avanti Cristo, è il tempio di tutti gli dei (in particolare del dio Marte e della dea Venere). Nel 600 dopo Cristo diventa una chiesa cristiana.
Sul soffitto c'è un'apertura circolare. Da qui entra la luce del sole che illumina tutto l'interno.
Nel 1870 è diventato sacrario dei re d'Italia. Ospita anche il corpo di Raffaello Sanzio, il famoso artista del Rinascimento.

SCHEDA CULTURALE | I monumenti di Roma

Il Colosseo

È un antico stadio, luogo degli spettacoli con i gladiatori e gli animali. La sua caratteristica forma circolare è il simbolo della città di Roma. Ogni giorno viene visitato da tantissimi turisti. È infatti il monumento più famoso al mondo, conosciuto con il nome di Colosseo per una colossale statua di Nerone che si trovava vicino al monumento. Si chiama in realtà Anfiteatro Flavio.

SCHEDA CULTURALE — I monumenti di Roma

La via Appia

È un'antica strada romana che va da Roma a Brindisi, nel sud dell'Italia. Al tempo dei romani era la via principale per gli scambi commerciali e culturali con la Grecia, l'Oriente e l'Egitto.
Lungo la strada ci sono i resti di antiche taverne, stazioni per il cambio dei cavalli, botteghe ma anche di case, ville e tombe.

SCHEDA CULTURALE / **I monumenti di Roma**

Le catacombe

Nei primi anni del cristianesimo, gli imperatori romani proibiscono la nuova religione. I primi cristiani non possono celebrare le loro cerimonie religiose in pubblico, ma solo in luoghi segreti. Le catacombe sono dei cimiteri sotterranei, dedicati alla memoria di un santo o di un martire.
A Roma esistono le catacombe di Sant'Agnese, di Santa Priscilla, di San Callisto, di San Sebastiano, di Domitilla e di Pretestato.

ESERCIZI — Capitolo 1

1. Vero o falso?

	V	F
a. Antonietta è una studentessa.	☐	☐
b. Carmen è spagnola.	☐	☐
c. Il Pantheon è un monumento.	☐	☐
d. Narjess è francese.	☐	☐

2. Scegli la risposta giusta per ogni domanda.

DOMANDE
a. Siete tutti presenti? ☐
b. E tu Narjess, quali monumenti conosci? ☐
c. Che cosa sono le catacombe? ☐
d. Di cosa parliamo oggi? ☐

RISPOSTE
1. Sono i cimiteri sotterranei dei primi cristiani.
2. Sì.
3. Oggi parliamo dei monumenti.
4. Conosco la chiesa di San Pietro.

3. Completa con le parole della lista.

| è | fa | lavora | sono |

Antonietta _____ alla scuola di lingue *Ciao Italia*. _____ l'insegnante d'italiano. _____ ragazza molto simpatica. Nella sua classe, ci _____ molti studenti.

4. Completa le domande.
   a. _____ Antonietta? Alla scuola di lingue *Ciao Italia*.
   b. _____? Fa l'insegnante d'italiano.
   c. _____ Carmen? È una ragazza spagnola.
   d. _____ Narjess? Da Tunisi.

5. Abbina le descrizioni ai personaggi, come nell'esempio.

   ~~ha gli occhi azzurri e i capelli neri~~

   ha i capelli neri e gli occhi neri

   ha i capelli lunghi e rossi

   ha gli occhi marroni e i capelli castani

a. Carmen ha gli occhi azzurri e i capelli neri.

b. Yukio _____

c. André _____

d. Betty _____

ESERCIZI — Capitolo 2

1 • Vero o falso?

		V	F
a.	Ingrid e Carmen hanno sete.	☐	☐
b.	Carmen abita da sola.	☐	☐
c.	André vuole andare al ristorante giapponese.	☐	☐
d.	Ingrid non può andare al ristorante.	☐	☐

2 • Completa il dialogo con i verbi.

– Ciao Yukio. Cosa (*fare*) _____ stasera?
– Niente. Perché?
– (*Volere*) _____ venire con me al ristorante giapponese?
– D'accordo. La cucina giapponese (*essere*) _____ molto buona.
– Tu e Yukio (*andare*) _____ al ristorante giapponese? – domanda Carmen – (*Venire*) _____ anche io e Betty.
– Va bene, allora (*essere*) _____ in quattro. Tu cosa (*fare*) _____, Ingrid? (*Volere*) _____ venire?
– No, non (*potere*) _____. Stasera (*dovere*) _____ andare al cinema con Johann.

3 • Scegli l'articolo corretto.

a. Ingrid è **un/una** ragazza svedese. Studia in **un/un'**altra classe. Ha **una/un** bicchiere d'aranciata in mano.

b. – Voglio **una/un'** coca cola. E tu Betty, che cosa prendi?
– Eh?! Cosa?
– Che cosa prendi? – ripete Carmen – **Un/Una** coca cola, **un'/una** aranciata, **uno/un** caffè?
– Ah, sì… **uno/un** caffè, grazie.

c. – Ragazzi, chi ha **una/un** penna? Devo scrivere **un/un'**indirizzo. È Jim, **un/uno** ragazzo australiano.

📎 Il caffè

Il caffè al bar si prende velocemente, in piedi al banco.
Il caffè può essere: semplice, macchiato (con un po' di latte caldo), corretto (con un alcolico), ristretto (molto piccolo), lungo (con molta acqua), ecc.

Puoi preparare il caffè anche a casa con la **moka**, una caffettiera tipica per l'espresso inventata nel 1933.

ESERCIZI Capitolo 3

1 • Vero o falso?

	V	F
a. Yukio non è in classe.	☐	☐
b. Oggi fa molto freddo.	☐	☐
c. La lezione comincia a mezzogiorno.	☐	☐
d. Carmen e Betty tornano a casa con l'autobus.	☐	☐

2 • Completa il dialogo.

– Che _____ fa, oggi? – chiede.
– _____ molto caldo. – risponde André.
– Sì, oggi _____ molto caldo. È una bella _____.
– In Italia c'è sempre il _____, non è come in Germania.

3 • Scrivi sotto ogni immagine la frase corretta.

| Fa freddo. | Fa caldo. | Nevica. | Piove. |

1. _____

2. _____

3. _____

4. _____

ESERCIZI Capitolo 4

1 • Vero o falso?

	V	F
a. André telefona a Yukio.	☐	☐
b. Yukio è nella sua stanza.	☐	☐
c. Nell'agenda di Yukio c'è un giornale giapponese.	☐	☐
d. André va a prendere Carmen in motorino.	☐	☐

2 • Metti il dialogo nell'ordine giusto.

☐ a. – È vero, oggi è una giornata tropicale. Posso parlare con Yukio?
☐ b. – Ancora non torna? Ma dov'è?
☐ c. – Ciao Carmen, sono André. Come stai?
☐ d. – No, non è in casa.
☐ e. – Pronto?
☐ f. – Non lo so. È molto strano.
☐ g. – Non riesco a dormire, con questo caldo…

Dov'è Yukio?

3 • Scrivi sotto a ogni orologio l'ora giusta, come nell'esempio.

Sono le due e mezza.	Sono le tre meno un quarto.	È l'una
Sono le due e quaranta.	Sono le due.	Sono le due e venticinque.
Sono le due e un quarto.	È mezzogiorno /mezzanotte.

a. È l'una. b. _____ c. _____ d. _____

e. _____ f. _____ g. _____ h. _____

ESERCIZI Capitolo 5

1 • Vero o falso?

                                                                                                                      V   F

a. André ha una vecchia Renault.
b. La SOC. CIN. è al primo piano di un vecchio palazzo.
c. Betty vuole più sangue.
d. La porta degli uffici della SOC. CIN. è chiusa.

2 • Scegli l'espressione giusta.

È/Sono/Hanno le tre e mezza. **Una/Questa/La** vecchia Renault di André arriva in piazza del Pantheon. André, Carmen e Betty scendono **dalla/della/alla** macchina. **Nella/In la/Alla** piazza, a quest'ora, non c'è nessuno.

3 • Completa i testi con il presente dei verbi.

a. La vecchia Renault di André (*arrivare*) _____ in piazza del Pantheon.
André, Carmen e Betty (*scendere*) _____ dalla macchina.
(*Essere*) _____ di fronte al monumento. Nella piazza, a quest'ora, non (*esserci*) _____ nessuno.
b. André, Carmen e Betty (*salire*) _____ le scale e (*arrivare*) _____ al primo piano, davanti ad una porta.
c. I tre amici (*entrare*) _____. Ora (*essere*) _____ in una stanza buia. Dentro la stanza (*esserci*) _____ delle sedie e un tavolo. Sul tavolo (*esserci*) _____ un computer.

ESERCIZI Capitolo 6

1 • Vero o falso?

	V	F
a. Il signor Nesti è un amico dei tre ragazzi.	☐	☐
b. Il signor Nesti non è molto simpatico.	☐	☐
c. Il signor Nesti non conosce Yukio.	☐	☐
d. Betty trova un coltello.	☐	☐

2 • Abbina gli aggettivi contrari, come nell'esempio.

1. alto   c
2. aperto   ☐
3. buio   ☐
4. caldo   ☐
5. magro   ☐
6. nervoso   ☐
7. piccolo   ☐
8. presente   ☐
9. simpatico   ☐
10. vecchio   ☐

a. antipatico
b. assente
c. ~~basso~~
d. calmo
e. chiuso
d. freddo
e. grande
f. grasso
g. luminoso
h. nuovo

Dov'è Yukio?

3 • Scegli la forma corretta dei verbi.

a. – E voi cosa **vogliono/volete**? Non **potete/puoi** restare qui.
– **Cerchiamo/Cercano** un nostro amico. – **dice/dici** André – **È/Ha** un ragazzo giapponese. Si chiama Yukio.
– Non **so/conosco** nessuno con questo nome. **Andate/Vanno** via ora. **Dovete/Devo** lavorare.
– Yukio. – **ripete/ripeto** André – Si chiama Yukio.
– Fuori! Non **ho/è** tempo per voi.

b. André, Carmen e Betty **guardono/guardano** il signor Nesti: **è/ha** due occhi neri, molto piccoli. Il suo viso non **è/c'è** simpatico.

– Allora… **siete/sono** ancora qui? – dice Nesti – **Dovete/Devo** andare via!
– Sì… **andiamo/vanno** via subito… arrivederci.

I tre ragazzi **usciamo/escono**. Nesti **chiude/chiudo** la porta.

ESERCIZI Capitolo 7

1 • Vero o falso?

		V	F
a.	Nesti ha una macchina bianca.	☐	☐
b.	I tre amici vanno a casa.	☐	☐
c.	Yukio non è nella macchina di Nesti.	☐	☐
d.	Betty torna a casa da sola.	☐	☐

2 • Completa il dialogo con il presente dei verbi.
– Seguiamo quella macchina.
– Sì, quell'uomo è molto strano.
– Che cosa (*voi – volere*) _____ fare? – domanda Betty.
– (*Volere*) _____ seguire la macchina di Nesti.
– Io (*volere*) _____ tornare a casa. (*Avere*)
_____ paura.
– Quell'uomo (*sapere*) _____ dov'è Yukio. – dice André –
Sono sicuro.
– Va bene, andiamo.

3 • Abbina le immagini alle indicazioni della lista.

| andare dritto | girare a destra | girare a sinistra |

a. _____   b. _____   c. _____

ESERCIZI   Capitolo 8

1 • Vero o falso?

	V	F
a. Nesti prende il treno per scappare.	☐	☐
b. La macchina di Nesti è veloce.	☐	☐
c. Nesti compra dei coltelli in un ferramenta.	☐	☐
d. André, Carmen e Betty vanno dalla polizia.	☐	☐

2 • Abbina ogni oggetto al negozio giusto, come nell'esempio.

| a. ferramenta | b. frutteria | c. alimentari | d. fioraio |
| e. giornalaio | f. cartoleria | g. libreria | h. farmacia |

1. quaderno ☐
2. coltello [a]
3. uva ☐
4. libro ☐
5. medicina ☐
6. pane ☐
7. rose ☐
8. giornale ☐

3 • Completa i testi con il presente dei verbi.

a. Nesti (*arrivare*) _____ alla stazione, poi (*girare*) _____ in una strada con molti negozi. (*Parcheggiare*) _____ la macchina e (*scendere*) _____.

b. Nesti (*entrare*) _____ in un ferramenta. André, Carmen e Betty (*aspettare*) _____ fuori. Dopo cinque minuti, Nesti (*uscire*) _____.

c. – Ragazzi, (*noi - dovere*) _____ andare dalla polizia!
– Non ancora. – dice André – (*noi - continuare*) _____ a seguire la sua macchina. Forse Nesti (*tornare*) _____ alla SOC. CIN.

4 • Completa le frasi con i mezzi di trasporto della lista.

 l'aereo    l'autobus    la macchina    la nave

a. – Va verso il porto.
   – Ora capisco – dice André – vuole prendere _____ per scappare.

b. – Va verso la fermata.
   – Ora capisco – dice André – vuole prendere _____ per scappare.

c. – Va verso l'aeroporto.
   – Ora capisco – dice André – vuole prendere _____ per scappare.

d. – Va verso il parcheggio.
   – Ora capisco – dice André – vuole prendere _____ per scappare.

ESERCIZI Capitolo 9

1 Vero o falso?

		V	F
a.	Il bar è vicino al Colosseo.	☐	☐
b.	Nel bar non ci sono gelati.	☐	☐
c.	Il bar e la scuola *Vox* sono nello stesso palazzo.	☐	☐
d.	La scuola *Vox* è in piazza del Pantheon.	☐	☐

2 Scegli l'espressione giusta.

– Buongiorno. – dice il barista – **Fa/Sono/È** caldo, eh? Che cosa prendete?
– Io **volio/voglio/vuole** un gelato al cioccolato. – dice Betty.
– Non **abbiamo/avemo/aviamo** gelati, signorina. Solo cose da bere.
– Va bene. Allora **prendi/prendo/prendere** un gelato alla crema.
– Betty... il signore dice che non **è/c'è/ci sono** gelati.
– Ah, d'accordo... allora una coca cola.
– Sì, **anche me/anche per me/anche per io**. – dice Carmen – E tu, André?
– Io prendo **un/una/uno** succo di frutta.
– Siete **studente/studenti/studiate** della *Vox*? – domanda il barista.
– Cosa?
– La *Vox*, la scuola di lingue. Voi non siete **italiani/italiano/italiane**, vero?
– No. – dice Betty.

3 • Completa il testo con il presente dei verbi.

– Alla scuola Vox (*esserci*) _____ molti studenti orientali. (*Venire*) _____ sempre a prendere il caffè...

In quel momento Nesti (*uscire*) _____ dal palazzo giallo.

– Ragazzi, andiamo! Nesti (*andare*) _____ via.
– Aspettate... (*dovere*) _____ pagare. Quant'è?
– (*Essere*) _____ cinque euro.

4 • Associa i numeri alle parole, come nell'esempio.

a. € 5 — 2
b. € 17,32 — ☐
c. € 21 — ☐
d. € 12,83 — ☐
e. € 128 — ☐
f. € 518 — ☐
g. € 38,40 — ☐

1. centoventotto euro
2. ~~cinque euro~~
3. cinquecentodiciotto euro
4. diciassette euro e trentadue centesimi
5. dodici euro e ottantatré centesimi
6. trentotto euro e quaranta centesimi
7. ventuno euro

ESERCIZI Capitolo 10

1 • Vero o falso?

	V	F
a. I tre amici seguono Nesti sulla via Appia.	☐	☐
b. Sulla via Appia ci sono le catacombe.	☐	☐
c. Betty ha l'orologio.	☐	☐
d. Carmen è preoccupata per Yukio.	☐	☐

2 • Completa il testo con il presente dei verbi.

Carmen (avere) _____ gli occhi rossi. (Piangere) _____ .

– (Pensare) _____ a Yukio. – (dire) _____ – Quel signore (essere) _____ un assassino.
– Perché (dire) _____ così?
– (Essere) _____ un assassino – (ripetere) _____ Carmen – (Uccidere) _____ i ragazzi giapponesi, come i tre studenti della *Vox*…
– Basta Carmen. Non (volere) _____ sentire questi discorsi.
– (Dire) _____ André – Yukio (essere) _____ vivo.
– No, Yukio è morto. – ripete Carmen – È morto…

3 • Completa con le parole della lista.

| adesso | catacombe | cimiteri | cristiani |
| domande | macchina | poi | sinistra |

Betty continua a fare _____ :

– Dove siamo _____ ?
– Siamo alle _____ . – risponde André.
– I _____ degli antichi _____ ?
– Sì, Betty.

Ora Nesti gira a _____ , parcheggia la _____ e scende. _____ entra nelle catacombe.

ESERCIZI Capitolo 11

1 • Vero o falso?

		V	F
a.	Betty non vuole entrare nelle catacombe perché ha paura.	☐	☐
b.	Nelle catacombe c'è lo scheletro di Yukio.	☐	☐
c.	Carmen conosce il latino.	☐	☐
d.	Betty ha una torcia elettrica.	☐	☐

2 • Completa il testo con le parole della lista.

davanti	dietro	forte	molto
niente	prima	solo	vero

I tre amici entrano nella _____ galleria. È _____ buia. André ha una piccola torcia elettrica e cammina_____. Carmen è _____ ad André. Betty è dietro a Carmen.

– Dobbiamo stare uniti. – dice André – La luce della torcia non è molto _____.
– Io non vedo _____.
– Aiuto! – grida Betty – C'è un uomo!
– Non è un uomo. – dice André – È _____ lo scheletro di un antico cristiano.
– Ah sì, è _____ ... Che paura!

3 • Scegli la preposizione corretta.

Cinque minuti dopo.
André, Carmen e Betty sono davanti **all'/alle/alla** entrata delle catacombe:

– Io ho paura.
– Dobbiamo andare, Betty. Forse Yukio è là.

Dov'è Yukio?

– No. – dice Carmen – Là dentro ci sono solo gli scheletri **negli/degli/sugli** antichi cristiani.

Ora Carmen non piange più.

– Gli scheletri **negli/degli/sugli** antichi cristiani? – grida Betty – Io non entro!
– Che cosa fai, allora? Resti qui **di/da/in** sola?
– No, va bene. Vengo **con/da/tra** voi.

ESERCIZI Capitolo 12

1• Vero o falso?

	V	F
a. André e Carmen non conoscono la strada per uscire dalle catacombe.	☐	☐
b. Betty aiuta Carmen e André.	☐	☐
c. Nella galleria c'è lo scheletro di Nesti.	☐	☐
d. André conosce la strada per uscire dalle catacombe.	☐	☐

2• Completa il testo con il presente dai verbi.

– BETTY! BETTY!

André e Carmen (*gridare*) _____. (*Chiamare*) _____ Betty. Ma Betty non (*rispondere*) _____.

– Cosa (*fare*) _____ adesso?
– Non lo (*sapere*) _____. Io non (*conoscere*) _____ la strada per tornare indietro.
– Cosa? Non (*potere*) _____ uscire?
– Non (*essere*) _____ facile. Forse è in questa direzione...

André (*girare*) _____ a sinistra. Carmen (*seguire*) _____ André.

3 • Completa le frasi con le forme di *sapere* o *conoscere*.
   a. I ragazzi non _____ dov'è Yukio.
   b. Carmen non _____ leggere le scritte in latino.
   c. I ragazzi _____ Yukio da molto tempo.
   d. Betty non _____ l'indirizzo di Nesti.
   e. André _____ il latino abbastanza bene.
   f. André non _____ dove abita Nesti.

4 • Metti il dialogo nell'ordine giusto
   ☐ a. – Cosa c'è?
   ☐ b. – Anch'io.
   ☐ c. – Aaaah!
   ☐ d. – Non lo so.
   ☐ e. – È un antico cristiano. Vieni Carmen, andiamo via.
   ☐1☐ f. – André, io ho paura.
   ☐ g. – Guarda André, là c'è una luce!
   ☐ h. – Dove andiamo ora?
   ☐ i. – Aaah... i miei occhi... questa luce è troppo forte...
   ☐ l. – Sì, c'è qualcuno...
   ☐ m. – Quello scheletro... Ha il viso di Nesti...

ESERCIZI — Capitolo 13

1 • Vero o falso?

		V	F
a.	I tre studenti giapponesi non sono morti.	☐	☐
b.	La guida delle catacombe vuole ringraziare i tre studenti.	☐	☐
c.	Anche Betty è nella galleria.	☐	☐
d.	I poliziotti arrestano André e Carmen.	☐	☐

2 • Scegli l'espressione giusta.

André e Carmen aprono **i/l'/gli** occhi. Sono in fondo alla galleria. Di fronte a loro, c'è **una scena incredibila/un scene incredibile/una scena incredibile**: fotografi, cameramen, giornalisti e poliziotti sono intorno a tre **ragazzi giapponesi/ragazze giapponese/ragazzi giapponese**. Sono gli studenti della scuola *Vox*. I tre ragazzi hanno la barba lunga e i vestiti sporchi. Rispondono alle domande dei giornalisti:

– Sì. – dice il primo – Tre giorni nelle catacombe... **un'esperienza terribile/un esperienza terribile/un'esperienza terribila**.
– È vero. – dice il secondo – Ma ora siamo qui... e siamo vivi...
– Le gallerie sembrano **tutti uguali/tutte uguale/tutte uguali** – dice il terzo – è difficile trovare la strada giusta senza una guida.
– Volete ringraziare qualcuno? – domanda un giornalista.
– Sì, vogliamo ringraziare **questo signore/queste signore/questo signor**.

Tutti guardano un vecchio uomo con **i capelli bianchi/gli capelli bianco/i capelli bianci**. Ha un cappello blu in testa. È la guida **di/dalle/delle** catacombe.

– È sempre **la/una/questa** stessa storia. – dice la guida – Spesso **la gente entrano/le gente entrano/la gente entra** nelle catacombe senza di me e poi non riesce ad uscire, così io **voglio/devo/posso** esplorare tutte le gallerie. Qualche volta **il/gli/i** turisti restano dentro per molto tempo, come questi ragazzi.

3 • Abbina le professioni della lista ai disegni.

| cameraman | fotografo | giornalista |
| guida | insegnante | poliziotto |

1. _____
2. _____
3. _____
4. _____
5. _____
6. _____

ESERCIZI Capitolo 14

1 • Vero o falso?

                                                            V F

a. Nesti sale sulla macchina di André. ☐ ☐
b. I poliziotti conoscono bene il signor Nesti. ☐ ☐
c. Carmen dice ai poliziotti che il signor Nesti è un assassino. ☐ ☐
d. I poliziotti arrestano Nesti. ☐ ☐

Dov'è Yukio?

2 • Completa il testo con il presente dei verbi.

André, Carmen e Betty (*parlare*) _____ con tre poliziotti:

– Sì. – (*dire*) _____ André – (*Cercare*) _____ un nostro amico giapponese. Si chiama Yukio.
– Cosa? Un altro giapponese? Anche lui (*andare*) _____ nelle catacombe senza guida?
– No, no. Yukio non (*andare*) _____ nelle catacombe.
– E allora perché (*cercare*) _____ qui il vostro amico?
– Perché qui (*esserci*) _____ il signore della SOC. CIN. – (*dire*) _____ Carmen – L'assassino...
– Chi?
– Il signor Nesti. – (*dire*) _____ André.

I poliziotti non (*capire*) _____.

– (*Dovere*) _____ trovare il signor Nesti. – (*ripetere*) _____ André – Lui (*sapere*) _____ dov'è Yukio.

In quel momento, un uomo (*salire*) _____ su una FIAT bianca: (*essere*) _____ Nesti.

– (*Essere*) _____ lui! – (*gridare*) _____ Betty – Quello (*essere*) _____ il signor Nesti!

I poliziotti (*correre*) _____ verso la macchina. Nesti (*scendere*) _____.

3 • Abbina i verbi contrari, come nell'esempio.

1. andare [e]
2. entrare ☐
3. piangere ☐
4. salire ☐
5. trovare ☐

a. perdere
b. ridere
c. scendere
d. uscire
e. ~~venire~~

ESERCIZI Capitolo 15

1 Vero o falso?

	V	F
a. Mario Nesti lavora alla scuola *Vox*.	☐	☐
b. Nesti è il produttore del film "Sangue in Oriente".	☐	☐
c. I poliziotti arrestano Nesti.	☐	☐
d. Nesti cerca attori orientali.	☐	☐

2 Completa il dialogo con le parole della lista.

amico	annuncio	assassino	attori	buio
catacombe	coltelli	ferramenta	orientali	personaggi
produttore	scene	società	studenti	

– Io non conosco il vostro _____ .
– Non è vero. Quest'uomo è un _____ . – dice Carmen
– Compra i coltelli dal _____ e poi uccide i ragazzi _____ nel suo ufficio, in piazza del Pantheon.
– Sì, è così. – dice Betty – È un assassino.
– È vero, signor Nesti? – domanda un poliziotto.
– No. – risponde Nesti – Non è vero.

Poi spiega:

– Io mi chiamo Mario Nesti. Sono un _____ di film horror. La mia _____ si chiama SOC. CIN. Compro _____ perché faccio film con molte _____ di sangue e di violenza. Oggi sono qui nelle _____ perché cerco un posto _____ per una scena del mio ultimo film. Si chiama "Sangue in Oriente".
– "Sangue in Oriente"? – dice André – Ora capisco! I ragazzi orientali... l'_____ sul giornale...
– Sì. – dice Nesti – Cerco ragazzi orientali perché i _____ del film sono tutti orientali.

Dov'è Yukio?

3 • Associa le immagini ai generi cinematografici della lista.

| avventura | comico | drammatico | horror | sentimentale |

1. _____   2. _____

3. _____   4. _____   5. _____

📎 Il cinema italiano

Il cinema italiano è famoso nel mondo per tanti film. I generi più noti sicuramente sono il **neorealismo** (con Vittorio De Sica e Roberto Rossellini), la **commedia all'italiana** (con Mario Monicelli e Dino Risi), il **cinema d'autore** (con Federico Fellini, Michelangelo Antonioni e Pier Paolo Pasolini), lo **spaghetti western** (con Sergio Leone).

Non possiamo poi dimenticare film di recente successo internazionale come *La vita è bella* di Roberto Benigni e *La grande bellezza* di Paolo Sorrentino.

ESERCIZI Capitolo 16

1 Vero o falso?

	V	F
a. Betty torna a casa da sola.	☐	☐
b. André resta con Carmen ad aspettare Yukio.	☐	☐
c. Nesti conosce Yukio.	☐	☐
d. Betty incontra Yukio.	☐	☐

2 Completa i testi con le parole della lista.

| assassino | casa | dopo | fuori | intorno |
| non | ora | produttore | salone | verso |

a. A _____ di Carmen e Yukio, due ore _____.
Yukio _____ c'è.
André, Carmen e Betty, stanchi e tristi, sono nel _____.

– Io non capisco… il signor Nesti non è un _____?
– No, Betty. Quell'uomo è un _____ di film horror.
Lui non conosce Yukio.
– Davvero?
– Sì, Betty.

b. Betty esce.
_____ è già notte.
Nelle strade non c'è nessuno. Tutta la città sembra dormire.
Betty cammina _____ casa e pensa a Yukio:

– È un mistero. – ripete.

_____ entra in una strada stretta, molto buia.
_____ c'è uno strano silenzio.
Nel silenzio, una voce…

– Buonasera, Betty.

Dov'è Yukio?

3. Completa il testo con il presente dei verbi tra parentesi.
Carmen guarda l'orologio:

– (*Essere*) _____ le dieci. Perché Yukio non (*tornare*) _____?
– (*Essere*) _____ un mistero. – (*dire*) _____ André.
– Sì, (*essere*) _____ un mistero.
– Io (*tornare*) _____ a casa. – (*dire*) _____ Betty – (*Essere*) _____ stanca. (*Venire*) _____ con me, André?
– No, (*restare*) _____ qui. (*Volere*) _____ aspettare Yukio.
– Va bene, allora ciao.
– Ciao, a domani.

ESERCIZI Capitolo 17

1. Vero o falso?

	V	F
a. La vecchia dice che Yukio non è morto.	☐	☐
b. Betty ha paura.	☐	☐
c. Betty scappa dalla vecchia con i capelli bianchi.	☐	☐
d. La donna anziana chiede dei soldi a Betty.	☐	☐

2. Scegli l'espressione giusta.
Betty ha paura. Vuole scappare.
Di fronte a lei c'è una donna **vecchia/vecchi/vecchio**. Ha il viso **magra/magro/magri** e i capelli **bianci/bianca/bianchi** e **lungo/lungi/lunghi**. Nei **suo/sui/suoi** occhi c'è una luce **strane/strana/strano**.

3 • Completa con il presente dei verbi della lista. Attenzione: i verbi non sono in ordine.

| andare | andare | avere | cercare |

| conoscere | dovere | essere | volere |

– Dove _____ Betty?
– Io... io _____ a casa.
– Non _____ avere paura, Betty. Io _____ solo parlare.
– V... v... v... va bene, signora... N... n... n... non _____ paura...
– Molto bene. Tu e i tuoi amici _____ qualcuno, vero?
– Sì...
– È un ragazzo orientale?
– Sì, ma... Come _____ possibile?
– Io so tutto, Betty. _____ il passato, il presente e il futuro.
– Cosa?
– So tutto.

ESERCIZI Capitolo 18

1 • Vero o falso?

	V	F
a. La mattina davanti alla scuola c'è anche Yukio.	☐	☐
b. Il "posto piccolo e scuro" è il bagno della scuola.	☐	☐
c. La lezione comincia alle dieci.	☐	☐
d. La scuola è chiusa.	☐	☐

Dov'è Yukio?

2 • Completa il testo con le parole della lista.

casa	come	davanti	dopo	mattina
meno	mistero	pomeriggio	produttore	tutto

La mattina _____, _____ alla scuola *Ciao Italia*.

Sono le nove _____ dieci. _____ ogni _____, gli studenti entrano a scuola. Tutti domandano di Yukio.

– No. – dice Carmen – Yukio non è a _____.
– E dov'è?
– È un _____. Ieri _____ io, André e Betty…

Carmen racconta _____ agli amici: parla di Nesti, della SOC. CIN. e delle catacombe.

– Sì, un _____ cinematografico. – dice Carmen – Incredibile…

3 • Metti in ordine il testo.
- ☐ a. Tutti corrono verso il bagno. La porta è chiusa.
- ☐ b. – Finalmente! – dice Yukio – Grido "aiuto" da un giorno, ma non sentite.
- ☐ c. – Apriamo la porta…
- ☐ d. – Aiuto! Voglio uscire! – grida ancora la voce.
- ☐ e. Tutti guardano dentro. Davanti a loro, stanco ma felice, c'è Yukio.
- 7 f. – Ma… questa voce…
- ☐ g. – Sembra una voce…
- ☐ h. – Posso avere una tazza di tè?
- 3 i. – Sì, viene dal bagno.
- ☐ l. – Dov'è la chiave? – domanda André.
- ☐ m. – È là.
- 1 n. Dentro la scuola, qualcuno grida: – Aiuto! Aiuto!
- ☐ o. André prende la chiave e apre la porta.
- ☐ p. – Sì, è la voce di…

SOLUZIONI ESERCIZI

Capitolo 1
1. V: b, c; F: a, d • **2.** a/2; b/4; c/1; d/3 • **3.** lavora, Fa, È, sono • **4.** a. Dove lavora; b. Che lavoro fa; c. Di dove è; d. Da dove viene • **5.** a. Carmen ha gli occhi azzurri e i capelli neri; b. Yukio ha i capelli neri e gli occhi neri; c. André ha gli occhi marroni e i capelli castani; d. Betty ha i capelli lunghi e rossi

Capitolo 2
1. V: a, c, d; F: b • **2.** fai, Vuoi, è, andate, Veniamo, siamo, fai, Vuoi, posso, devo • **3.** a. una, un', un; b. una, Una, un', un, un; c. una, un, un

Capitolo 3
1. V: a; F: b, c, d • **2.** tempo, Fa, fa, giornata, sole • **3.** 1. Fa caldo; 2. Piove; 3. Nevica; 4. Fa freddo

Capitolo 4
1. V: a; F: b, c, d • **2.** 1/e; 2/c; 3/g; 4/a; 5/d; 6/b; 7/f • **3.** a. È l'una; b. Sono le due; c. Sono le due e un quarto; d. Sono le due e venticinque; e. Sono le due e mezza; f. Sono le due e quaranta; g. Sono le tre meno un quarto; h. È mezzogiorno/mezzanotte

Capitolo 5
1. V: a, b; F: c, d • **2.** Sono, La, dalla; Nella • **3.** 1. arriva, scendono, Sono, c'è; 2. salgono, arrivano; 3. entrano, sono, ci sono, c'è

Capitolo 6
1. V: b, c; F: a, d • **2.** 1/c; 2/e; 3/g; 4/d; 5/f; 6/d; 7/e; 8/b; 9/a; 10/h • **3.** a. volete, potete, Cerchiamo, dice, È, conosco, Andate, Devo, ripete, ho; b. guardano, è, siete, Dovete, andiamo, escono, chiude

Capitolo 7
1. V: a, c; F: b, d • **2.** volete, Vogliamo, voglio, Ho, sa • **3.** a. girare a sinistra; b. girare a destra; c. andare dritto

Capitolo 8
1. V: b, c; F: a, d • **2.** 1/f; 2/a; 3/b; 4/g; 5/h; 6/c; 7/d; 8/e • **3.** a. arriva, gira, Parcheggia, scende; b. entra, aspettano, esce; c. dobbiamo, continuiamo, torna • **4.** a. la nave; b. l'autobus; c. l'aereo; d. la macchina

Capitolo 9

1• V: a, b; F: c, d • **2•** Fa, voglio, abbiamo, prendo, ci sono, anche per me, un, studenti, italiani • **3•** ci sono, Vengono, esce, va, dobbiamo, Sono • **4•** a/2; b/4; c/7; d/5; e/1; f/3; g/6

Capitolo 10

1• V: a, b, d; F: c • **2•** ha, Piange, Penso, dice, è, dici, È, ripete, Uccide, voglio, dice, è • **3•** domande, adesso, catacombe, cimiteri, cristiani, sinistra, macchina, Poi

Capitolo 11

1• V: a; F: b, c, d • **2•** all', degli, degli, da, con • **3•** prima, molto, davanti, dietro, forte, niente, solo, vero

Capitolo 12

1• V: a; F: b, c, d • **2•** gridano, Chiamano, risponde, facciamo, so, conosco, possiamo, è, gira, segue • **3•** a. sanno; b. sa; c. conoscono; d. conosce; conosce; sa • **4•** 1/f; 2/b; 3/c; 4/a; 5/m; 6/e; 7/h; 8/d; 9/g; 10/l; 11/i

Capitolo 13

1• V: a; F: b, c, d • **2•** gli, una scena incredibile, ragazzi giapponesi, un'esperienza terribile, tutte uguali, questo signore, i capelli bianchi, la gente entra, devo, i • **3•** 1. camaraman; 2. guida; 3. insegnante; 4. poliziotto; 5. fotografo; 6. giornalista

Capitolo 14

1• V: c; F: a, b, d • **2•** parlano, dice, Cerchiamo, va, va, cercate, c'è, dice, capiscono, Dovete, ripete, sa, sale, è, È, grida, è, corrono, scende • **3•** 1/e; 2/d; 3/b; 4/c; 5/a

Capitolo 15

1• V: b, d; F: a, c • **2•** amico, assassino, ferramenta, orientali, produttore, società, coltelli, scene, catacombe, buio, annuncio, personaggi • **3•** 1. comico; 2. horror; 3. avventura; 4. sentimentale; 5. drammatico

Capitolo 16

1• V: a, b; F: c, d • **2•** a. casa, dopo, non, salone, assassino, produttore; b. Fuori, verso, Ora, Intorno • **3•** Sono, torna, È, dice, è, torno, dice, Sono, Vieni, resto, Voglio

Capitolo 17

1• V: a, b; F: c, d • **2•** vecchia, magro, bianchi, lunghi, suoi, strana • **3•** vai, vado, devi, voglio, ho, cercate, è, conosco

Capitolo 18

1• V: b; F: a, c, d • **2•** dopo, davanti, meno, Come, mattina, casa, mistero, pomeriggio, tutto, produttore • **3•** 1/n; 2/g; 3/i; 4/a; 5/c; 6/d; 7/f; 8/p; 9/l; 10/m; 11/o; 12/e; 13/b; 14/h